Angelina Jung

Tool zur Überwachung von Windows-Diensten im Versicherungswesen
Graphische Umsetzung mit SWT

Bachelor + Master
Publishing

Jung, Angelina: Tool zur Überwachung von Windows-Diensten im Versicherungswesen: Graphische Umsetzung mit SWT, Hamburg, Diplomica Verlag GmbH 2012
Originaltitel der Studienarbeit: Graphische Umsetzung eines Werkzeuges für die zentrale Überwachung von Windows-Diensten

ISBN: 978-3-86341-150-3
Druck: Bachelor + Master Publishing, ein Imprint der Diplomica® Verlag GmbH, Hamburg, 2012
Zugl. Fachhochschule für die Wirtschaft Hannover, Hannover, Deutschland, Studienarbeit, 2009

Bibliografische Information der Deutschen Nationalbibliothek:
Die Deutsche Nationalbibliothek verzeichnet diese Publikation in der Deutschen Nationalbibliografie;
detaillierte bibliografische Daten sind im Internet über http://dnb.d-nb.de abrufbar.

Die digitale Ausgabe (eBook-Ausgabe) dieses Titels trägt die ISBN 978-3-86341-650-8 und kann über den Handel oder den Verlag bezogen werden.

Abstract

In dieser Projektarbeit geht es um die graphische Umsetzung eines Werkzeugs, das eine bestimmte Anzahl von Windows-Diensten zentral überwacht.

Da die Windows-Dienste unbemerkt und unbewacht im Hintergrund ablaufen, ohne regelmäßig kontrolliert zu werden, besteht das Ziel dieser Aufgabe genauer gesagt in der graphischen Realisierung eines Werkzeuges, mit dessen Hilfe schnell und übersichtlich erfasst werden kann, wie die verschiedenen Windows-Dienste heißen, auf welchem Server sie ablaufen und welchen Status sie haben.

Es ist wünschenswert, dass diese Windows-Dienste jederzeit aktiv sind, da sie alle eine bestimmte Aufgabe erfüllen, deren Vernachlässigung andere Arbeitsprozesse stören und behindern würde, was wiederum einen negativen Effekt auf das alltägliche Geschäft hätte.

Um zu verhindern, dass es über einen längeren Zeitraum unbemerkt bleibt, wenn ein Windows-Dienst gestoppt ist, soll das Werkzeug die Anzeige aller relevanten Services und den jeweiligen aktuellen Status ermöglichen. Dadurch soll gewährleistet werden, dass gestoppte Windows-Dienste schnell herausgefiltert und neu gestartet werden können.

Zusammenfassend besteht die Motivation dieser Aufgabe also darin, die zentrale Überwachung von Windows-Diensten zu realisieren und graphisch übersichtlich darzustellen.

Inhaltsverzeichnis

Abbildungsverzeichnis

Tabellenverzeichnis

Abkürzungsverzeichnis

AWT	Abstract Window Toolkit
CVS	Concurrent Versions System
GUI	Graphical User Interface
IAS	Informatik Anwendungssysteme
IPB	Informatik Produktion Betrieb
IPS	Informatik Produktion Service
JFC	Java Foundation Classes
MS-DOS	Microsoft Disk Operating System
MVC	Model-View-Controller
OSGi	Open Services Gateway initiative
RCP	Rich-Client-Plattform
SWT	Standard Widget Toolkit
UML	Unified Modelling Language
XML	Extensible Markup Language

1. Einleitung

1.1 Aufbau der Arbeit

Diese Projektarbeit gliedert sich in fünf Kapitel. Im ersten Kapitel wird das Praxisunternehmen, indem dieses Projekt durchgeführt wird, näher beschrieben. Das zweite Kapitel liefert Hintergründe und Vorwissen, die relevant sind, um die Realisierung der Praxisaufgabe zu verstehen und nachvollziehen zu können. Kapitel drei befasst sich mit der genaueren Analyse der Aufgabe. Es wird beschrieben, wie die momentane Situation ist und wie sie zukünftig aussehen soll. In Kapitel vier folgt die Beschreibung der konkreten Umsetzung. Die Arbeit endet im fünften Kapitel mit einem Fazit und einem Ausblick zu dieser Projektaufgabe.

Fachbegriffe und erklärungsbedürftige Ausdrücke werden im nachfolgenden Glossar näher erläutert. Sie sind beim ersten Auftreten kursiv und mit Sternchen markiert. Verwendete Abkürzungen, können im Abkürzungsverzeichnis nachgeschlagen werden und stehen beim ersten Auftreten im Text in Klammern hinter dem dazugehörigen Ausdruck. Quellenangaben sind mit eckigen Klammern und kursiv kenntlich gemacht.

1.2 Beschreibung des Praxisunternehmens

Die untersuchte Versicherung wurde als Haftpflichtversicherungsanstalt gegründet und ist mittlerweile nicht nur Spezialversicherer der Bauwirtschaft, sondern auch einer der größten deutschen Auto- und Haftpflichtversicherer.

Der Hauptsitz befindet sich in Hannover und weitere Niederlassungen sind in Berlin und München zu finden. Des Weiteren ist die untersuchte Versicherung mit drei Regionaldirektionen und über 30 Geschäftsstellen in Deutschland vertreten (siehe Anhang 1).

Der Informatikbereich der Versicherung in Hannover umfasst zurzeit ca. 230 Mitarbeiter und gliedert sich in die Abteilungen Ressourcenmanagement (IRM), Anwendungssysteme (IAS), Produktion Betrieb (IPB) und Produktion Service (IPS). Die Aufgabe dieser Projektarbeit wurde in der Gruppe *Zentrale Dienste* gestellt, die unter anderem für Kobra[1], Fachdatenextraktion[2], Druckprogramme und für digitalisierte Schriftstücke (Images) im Allgemeinen zuständig ist.

---

[1] Software zum Suchen und Anzeigen von Kundendaten und Verträgen
[2] System zum Herausfiltern von Daten aus digitalisierten Schriftstücken mit Hilfe definierter Regeln

2. Hintergründe und Vorwissen

2.1 Das Ebenenkonzept

Das Ebenenkonzept unterstützt den Softwareentwicklungszyklus bei der untersuchten Versicherung. Es ist relevant für die Aufgabenstellung dieser Projektarbeit, einerseits weil sich die Windows-Dienste, die überwacht werden sollen, auf verschiedenen Ebenen befinden und andererseits weil die gewünschte Anwendung diesem Prinzip entsprechend umgesetzt wird.

Das Ebenenkonzept sieht vier Ebenen vor, nämlich Entwicklung (E), Test (T), Systemintegration (S) und Produktion (P). Bevor ein neues oder geändertes Softwareprodukt den Sachbearbeitern der Versicherung zur Verfügung gestellt wird, muss es diese vier Ebenen durchlaufen, damit gesichert wird, dass nur zuverlässige und fehlerfreie Programme zur Bewältigung des täglichen Geschäfts genutzt werden.

Die folgende Graphik veranschaulicht die Reihenfolge der Ebenen und verdeutlicht, welche Personengruppen auf welche Ebene hauptsächlich Zugriff haben.

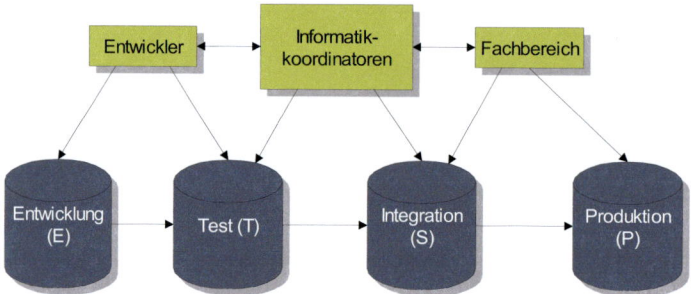

Abbildung 1: Das Ebenenkonzept

Die erste der vier Ebenen ist die Entwicklungsebene. Hier geschieht die eigentliche Programmierung und Umsetzung. Der Programmcode wird geschrieben und *kompiliert**. War dieser Vorgang erfolgreich und ist das Programm lauffähig, erfolgt der nächste Schritt, nämlich das ausführliche Testen auf der Testebene. Dafür wird das Programm von der Entwicklungsebene auf die Testebene geschoben.

Auf der Testebene wird von den Informatikkoordinatoren, die die Schnittstelle zwischen Entwicklern und Fachbereich-Mitarbeitern bilden, getestet, ob das Programm alle gestellten Anforderungen und Erwartungen erfüllt und fehlerfrei abläuft. In dieser Phase ist eine enge Zusammenarbeit zwischen Informatikkoordinatoren, Fachbereich und Entwicklern erforderlich.

Anschließend wird das Programm auf die Integrationsebene geschoben. Hier finden Tests in der gegeben *Laufzeitumgebung** statt. Die Zusammenarbeit zwischen dem neuen Programm und anderen Softwareprodukten und Modulen wird getestet und eventuelle Konflikte festgestellt. Außerdem werden die Mitarbeiter, die zukünftig mit diesem Programm arbeiten sollen, im Umgang mit der neuen Software geschult und auf die Neuheiten vorbereitet.

Verläuft auch auf dieser Ebene alles erfolgreich und zufrieden stellend, folgt der letzte Schritt, das Schieben des Programms auf die letzte Ebene, die so genannte Produktionsebene. Das ist die Ebene, auf der die Sachbearbeiter arbeiten und reale Kundendaten und Verträge erfassen.

Dieses eben beschriebene Ebenenkonzept des untersuchten Versicherungsunternehmens hat viele Vorteile. Zum einen eröffnet es den Entwicklern die Möglichkeit, neue Softwareprodukte zu erstellen, zu testen und einzuführen, ohne dass dafür die Arbeit der Sachbearbeiter unterbrochen werden muss. Zum anderen, bieten die verschiedenen Ebenen eine realistische Testumgebung, da sie der Produktionsebene sehr ähneln. Durch das ausführliche Testen auf der Testebene kommt es nur selten dazu, dass ein fehlerhaftes Programm in Produktion geht und die Arbeit der Sachbearbeiter behindert. Ein weiterer Vorteil ist die Tatsache, dass grobe Fehler, z.B. das versehentliche Löschen einer Datenbank, die auf der Produktionsebene fatale Folgen hätten, auf den anderen Ebenen keine große Auswirkung haben und leicht rückgängig gemacht werden können.

Alles in allem besteht der größte Vorteil des Ebenenkonzepts folglich darin, dass Entwickler, Programmtester und Sachbearbeiter unabhängig voneinander und parallel arbeiten können.

2.2 Concurrent Versions System

Eine andere Technologie, die in der untersuchten Versicherung verwendet wird, um den Softwareentwicklungszyklus zu unterstützen, ist das Concurrent Versions System (CVS), ein Versionsverwaltungssystem, das hauptsächlich im Zusammenhang mit Software-Quelltext verwendet wird. CVS wird überwiegend für zwei Aufgaben eingesetzt, nämlich Historienverwaltung und Zusammenarbeit bzw. Programmierung im Team.

Die Historienverwaltung ermöglicht es, den momentanen Zustand eines Programms mit seinem Zustand an einem bestimmten anderen Zeitpunkt zu vergleichen und gegebenenfalls das Programm in einen früheren Zustand zurückzuversetzen. Die Verwaltung erfolgt dadurch, dass die verschiedenen Versionen des *Quellcodes* eines Software-Projekts an einer zentralen Stelle, dem so genannten *Repository** gespeichert werden. Bei Veränderungen bleiben so trotzdem alle früheren Versionen erhalten und sind nicht nur einsehbar, sondern auch wiederherstellbar.

Der zweite Einsatzbereich von CVS ist die Koordination der Arbeit von mehreren Entwicklern am gleichen Projekt. Das geschieht dadurch, dass die Teammitglieder ihre Arbeit in ihren eigenen Arbeitsbereichen isoliert von den anderen erledigen und ihre Ergebnisse anschließend allgemein verfügbar machen. Das funktioniert, indem die Entwickler eine Arbeitskopie des Projekts von CVS anfordern, dieser Vorgang wird auch als *Checking out* (deutsch: *ausleihen*) bezeichnet. Nun kann jeder Entwickler frei und ohne Konflikte mit anderen Programmierern an seiner Arbeitskopie arbeiten.... Es gibt keine Konflikte, weil alle Kopien unabhängig voneinander sind. Beendet ein Entwickler seine Veränderungen, sendet er diese mit einem Kommentar, der beschreibt, was der Zweck der Veränderung war, an den CVS-Server mit Hilfe des Befehls *commit* (deutsch: *übergeben*).

Wenn nun andere Teammitglieder CVS abfragen, werden sie herausfinden, dass die Hauptkopie kürzlich verändert wurde und sie haben die Möglichkeit, ihre eigenen Arbeitskopien von CVS aktualisieren zu lassen. Damit dieses Prinzip funktioniert, verwendet CVS ein Verzweigungsmodell zur Unterstützung mehrerer Arbeitszyklen, die isoliert, aber dennoch abhängig voneinander sind. Eine Verzweigung entspricht etwa einem gemeinsamen Arbeitsbereich, der von den Teammitgliedern im Fall von Änderungen an einem Projekt aktualisiert wird. Eine spezielle Verzweigung namens *HEAD* (deutsch: *Kopf / Spitze*), stellt den Hauptteil der Arbeit im Repository dar. Abbildung 2 zeigt ausschnittsweise die HEAD Verzweigung der Versicherung.

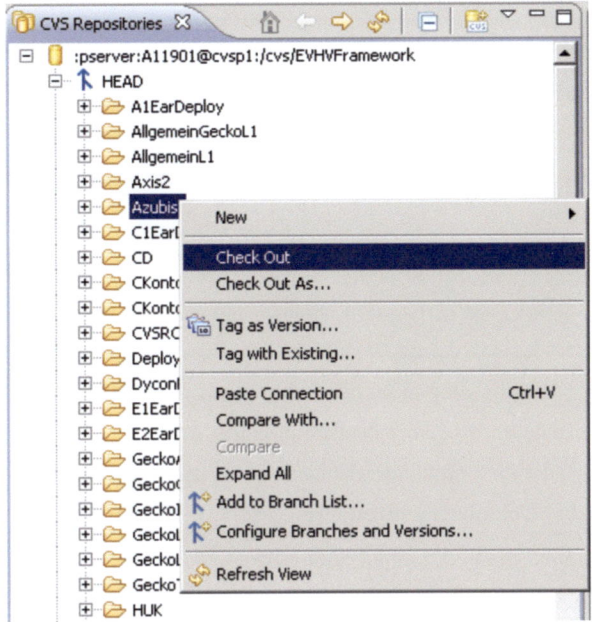

Abbildung 2: Screenshot CVS

Ein besonderer Fall besteht dann, wenn zwei Entwickler in ihren Arbeitskopien unterschiedliche Veränderungen an dem gleichen Stück Quellcode vornehmen und beide ihre Veränderungen mittels *commit* abschicken. Diese Situation wird als Konflikt bezeichnet und von CVS entdeckt und markiert, damit die beiden betroffenen Entwickler darauf aufmerksam gemacht werden.

Es ist empfehlenswert, dass die Hauptkopie immer in einem funktionsfähigen Zustand ist. Deshalb ist eine übliche Strategie bei Projekten, immer erst eine Aktualisierung zu machen, bevor die Arbeit an größeren Veränderungen begonnen wird und einen *commit* erst dann zu machen, wenn die Veränderungen vollständig getestet und lauffähig sind. *[int01]*

Zusammenfassend ermöglicht CVS gleichzeitiges Arbeiten an demselben Projekt und erleichtert die Übersicht und Integration von Veränderungen.

Bei der Aufgabe dieser Projektarbeit wurde CVS eingesetzt, einerseits, um die verschiedenen Versionen in unterschiedlichen Entwicklungszeitpunkten zu verwalten und andererseits, um die Anwendung den Auftraggebern, also den IAS Mitarbeitern, zur Verfügung zu stellen.

2.3. Definition Plug-in

Ein Plug-in ist ein Programm, das ein Softwareprodukt und dessen Funktionalität erweitert. Das Wort *Plug-in* stammt vom englischen *to plug in* und bedeutet *einstöpseln* bzw. *anschließen*. Andere Bezeichnungen für Plug-in sind Add-on, Extension, Erweiterungsmodul oder Zusatzmodul.

Eine Vielzahl an Softwareprodukten verfügt über definierte Datenschnittstellen, die das Einbinden von Plug-ins erlauben. *[int02]*. Es gibt verschiedene Arten von Plug-ins, z.B. Server Plug-ins und Browser Plug-ins, die die Funktionsweise eines Server- bzw. Browserdienstes erweitern. Ein wichtiges Plug-in ist das Java Plug-in (siehe Abbildung 3), eine Softwarekomponente, mit der man Java Applets in einem Webbrowser ablaufen lassen kann. Java Applets sind Java Programme, die benötigt werden, um Graphikeffekte zu erzeugen oder Spiele in Webbrowsern auszuführen.

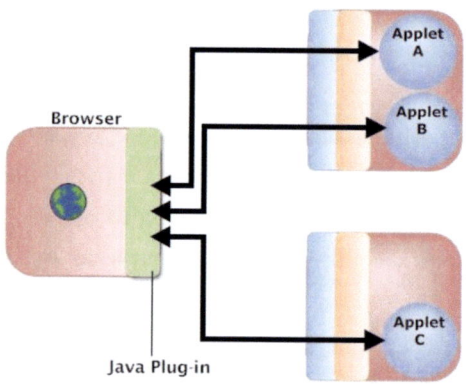

Abbildung 3: Java Plug-in *[int03]*

Andere bekannte und weit verbreitete Plug-ins sind der *Adobe Reader*, der das Betrachten und Drucken von PDF-Dokumenten[3] ermöglicht und *QuickTime* zur Wiedergabe von Videos innerhalb eines Webbrowsers.

---

[3] Portable Document Format (deutsch: portables Dokumentenformat), ein plattformunabhängiges Dateiformat für Dokumente

Die Definition eines Plug-ins ist für diese Projektarbeit nötig, da das zu erstellende Werkzeug als Plug-in realisiert werden soll.

2.4 Graphische Benutzeroberflächen

Eine Software-Komponente, die die Interaktion zwischen Computernutzer und Maschine über graphische Symbole ermöglicht, wird als *graphische Benutzeroberfläche* bezeichnet. Synonyme Bezeichnungen sind der englische Begriff *Graphical User Interface (GUI)* und dessen wörtliche Übersetzung *graphische Benutzerschnittstelle*.

Vor dem Konzept von GUIs, das aus den 1970er Jahren stammt, gab es noch keine graphische Interaktionsmöglichkeiten und der Benutzer konnte dem Computer nur über die Tastatur Befehle geben. Ein Beispiel für so ein System ist Microsofts erstes Betriebssystem MS-DOS (Microsoft Disk Operating System). Die Interaktion mit der Maschine über graphische Symbole erleichtert das Arbeiten am Computer erheblich und steigert die Benutzerfreundlichkeit von Programmen.

Bei GUI-Anwendungen öffnet sich zunächst ein Hauptfenster, wenn das Programm gestartet wird. GUI ermöglicht es, solch ein Fenstersystem auszublenden, es an die gesamte Bildschirmgröße anzupassen oder dessen Größe und Position zu verändern.

Ein Fenster enthält graphische Elemente und Darstellungen, die die GUI- Anwendungssoftware bedienbar machen. Sie werden Steuerelemente oder Widgets[4] genannt und können mittels eines Zeigegeräts, meistens einer Maus, gesteuert werden.

Jedes GUI-Element wird durch eine *Klasse** repräsentiert, von der *Objekte** erzeugt und für die eigene Anwendung genutzt werden können. Es können bereits programmierte *Methoden** übernommen werden oder eigene Methoden erstellt werden, die das Verhalten der Anwendung bei Benutzer-Aktivität festlegen.

Eine graphische Benutzeroberfläche und ihr Verhalten bei Benutzer-Interaktion werden auch als *Look-and-Feel* einer Anwendung bezeichnet.

---

[4] zusammengesetztes Wort aus *window* (deutsch: *Fenster*) und *gadget* (deutsch: *Zubehörgerät*)

2.4.1 Java Foundation Classes

Für die Erstellung graphischer Benutzeroberflächen mit Java stehen die *Standardklassenbibliotheken* Java Foundation Classes (JFC)* zur Verfügung. Sie sind in einem Gemeinschaftsprojekt der Unternehmen Sun, Netscape, IBM und Apple entstanden. Ursprünglich wurde für die Erstellung graphischer Benutzerschnittstellen das *Abstract Window Toolkit (AWT)* verwendet, das in dem Java-*Paket* java.awt* enthalten ist und die Implementierung graphischer Benutzeroberflächen mit Fenstern, Buttons, Feldern usw. ermöglicht. Dabei wird jede Komponente als Objekt von einer eigenen Klasse erzeugt und verfügt über entsprechende eigene Methoden, z.B. um Beschriftungen anzubringen.

AWT lässt jedoch noch einige Wünsche offen, denn um die Programmierung plattformunabhängiger graphischer Oberflächen zu ermöglichen, stehen nur Widgets zur Verfügung, die auf allen Plattformen unterstützt werden und komplexere Oberflächenelement wie Bäume und Tabellen, welche nicht auf allen Betriebssystemen vorhanden sind, wurden nicht in das AWT aufgenommen. Das hatte zur Folge, dass viele und umfangreiche herstellerbezogene Bibliotheken entstanden, die die Defizite des AWT ausgleichen sollten. Eine davon ist das von Sun geschaffene Swing, das im Paket *javax.swing* zur Verfügung gestellt wird und erstmals Ende 1997 als externe Bibliothek ausgeliefert wurde. Swing ist demnach eine Weiterentwicklung von AWT und ermöglicht die Verwendung komplexer graphischer Oberflächen wie Bäume oder Tabellen.

Swing-Klassen beginnen immer mit dem Buchstaben *J*, um sich von den gleichnamigen Klassen des AWT zu unterscheiden, z.B. heißt die Fenster-Klasse im AWT-Paket *Frame* und entsprechend im Swing-Paket *JFrame*.

Zusammenfassend entstanden die JFC also mit der Intention das Entwickeln komplexer, interaktiver Applikationen zu vereinheitlichen und das Entstehen von zahlreichen herstellerbezogenen Bibliotheken zu verhindern. Seit Ende 1998 sind sie fester Bestandteil der Java-Laufzeitumgebung und enthalten folgende Programmierschnittstellen für die Erstellung von GUIs:

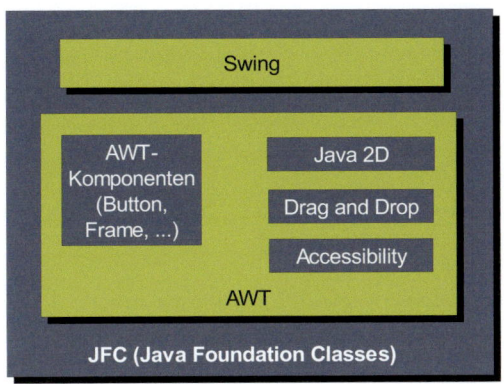

Abbildung 4: Bestandteile der JFC

Die nachfolgende Tabelle erläutert, welche Funktion die einzelnen Komponenten innerhalb der JFC haben *[int04]*:

Komponente	Erläuterung
Abstract Window Toolkit (AWT)	Basis für Swing Komponenten
Swing	umfangreiche Bibliothek von GUI-Komponenten
Java 2D	Klassenbibliothek zum Erstellen zwei-dimensionaler Graphiken
Accessibility[5]	Verfahren für die Benutzung durch behinderte Menschen
Drag & Drop[6]	Verfahren zum Transport von Daten

Tabelle 1: Bestandteile der JFC und deren Funktion

Java2D ermöglicht die Darstellung und Modifikation 2-dimensionaler Objekte.

Mit Accessibility wird ein Paket zur Verfügung gestellt, das die Anpassung von Benutzerschnittstellen an Benutzer mit Behinderungen oder mit eingeschränkten Interaktionsfähigkeiten erlaubt. Es umfasst spezielle Bildschirmdarstellungen und die Verwendung bestimmter Ein- und Ausgabegeräte (z.B. Mikrofone, Spezialtastaturen).

---

[5] deutsch: *Barrierefreiheit*

[6] deutsch: *Ziehen & Fallenlassen*

Das Verfahren Drag & Drop ermöglicht den Transport von Daten zwischen Komponenten, dazu werden die Daten beim Datentransfer verpackt und mit einer plattformunabhängigen Datentyp-Beschreibung versehen.

2.4.2 Standard Widget Toolkit und JFace

Im Jahr 2001 entschied sich das Team von IBM gegen die JFC und entwickelte stattdessen für die *Eclipse**-Plattform das *Standard Widget Toolkit (SWT)*, das kontinuierlich gepflegt wird. SWT ist der Hauptkonkurrent von AWT und Swing und stellt GUI-Komponenten über native[7] Komponenten des Betriebssystems zur Verfügung.

JFace erweitert die Funktionen von SWT und dient als Schnittstelle zwischen SWT und der Eclipse-Plattform. Es setzt aus den von SWT gelieferten Basiskomponenten komplexere Widgets zusammen und erleichtert die Entwicklung von Desktop-Anwendungen auf SWT-Basis, indem es SWT um den Model-View-Controller Ansatz (MVC) ergänzt. MVC gliedert ein Programm in drei Anwendungsschichten, nämlich Model, View und Controller. Das Model verwaltet die Daten und die Verarbeitungslogik, eine View stellt die Daten des Models für den Benutzer an der Bildschirmoberfläche dar und ein Controller verbindet die Views mit dem Model. *[plug-in]*

Die nachfolgende Abbildung verdeutlicht den Zusammenhang zwischen den drei Schichten:

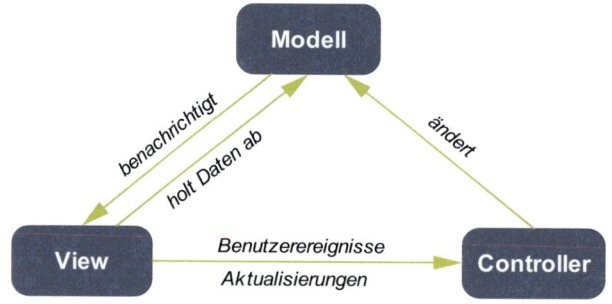

Abbildung 5: MVC Ansatz

---

[7] in Bezug auf Betriebssysteme „im Lieferumfang enthalten"

2.4.3 Vergleich Swing und SWT

Bei der graphischen Umsetzung einer Anwendung muss eine Entscheidung getroffen werden zwischen einer Umsetzung mit JFC oder mit SWT. Fällt die Entscheidung auf JFC, wird meist das moderne Swing gewählt und nicht das veraltete AWT. Da die Unterschiede zwischen AWT und Swing bereits erläutert wurden, wird im Folgenden nur ein Vergleich zwischen Swing und SWT aufgestellt.

Der größte Unterschied zwischen Swing und SWT besteht darin, dass SWT nicht nur Widgets anbietet, die auf allen Zielplattformen zur Verfügung stehen, sondern auch plattformspezifische, die nur auf einer bestimmten Plattform fehlerfrei verarbeitet werden können. Es enthält also zum einen native Widgets für ein originäres Look-and-Feel (wie AWT) und stellt zum anderen auch komplexe Widgets für moderne GUIs zur Verfügung (wie Swing). Da SWT Komponenten des Systems einbindet, werden seine Elemente als *heavyweight* (schwergewichtig) bezeichnet. Swing-Elemente werden hingegen *lightweight* (leichtgewichtig) genannt, weil Swing alle Widgets selbst zeichnet. Damit ist Swing zwar plattformunabhängig, bietet aber nie die Möglichkeit eine Anwendung zu entwickeln, deren Look-and-Feel identisch zu den originären Plattform-Widgets ist, wie Abbildung 6 zeigt. Der rechte Taschenrechner hat das originäre Windows Look-and-Feel, von dem sich der linke Taschenrechner, dessen Graphik mit Swing programmiert wurde, deutlich unterscheidet.

Abbildung 6: Vergleich Swing und Windows Look-and-Feel *[int05]*

Die folgende Tabelle listet im Vergleich wichtige Eigenschaften von Swing und SWT auf, wobei die Vorteile dick hervorgehoben werden *[int06]*:

Kriterium	Swing	SWT
fester Bestandteil des Java Development Kits*	ja	nein
plattformunabhängig	ja	nein
benötigte Ressourcen im Arbeitsspeicher für Komponenten	mehr	**weniger**
Austausch von Daten zwischen GUI Komponenten und Java	**schnell**	langsam
automatische Garbage Collection*	ja	nein
Einbindung von Systemkomponenten	nein	ja

Tabelle 2: Vergleich Swing und SWT

Es wird deutlich, dass beide Technologien sowohl Vor- als auch Nachteile haben. Für jede Anwendung muss individuell eine Entscheidung getroffen werden, abhängig davon auf welche Kriterien man besonders Wert legt.

In dieser Projektarbeit erfolgt die Umsetzung mit SWT, weil die Aufgabe als Plug-in innerhalb der Eclipse-Plattform realisiert wird und SWT (wie im nächsten Abschnitt näher erläutert wird) ein Bestandteil der Eclipse Rich-Client-Plattform ist.

2.5 Die Rich-Client-Plattform von Eclipse

Der Begriff *Rich Client* wird im Zusammenhang mit Client-Server-Architekturen verwendet. Bei einem Client-Server-Modell sind die Aufgaben und Dienstleistungen innerhalb eines Netzwerks verteilt (siehe Abbildung 7). Die Aufgaben werden von Programmen erledigt, die in Clients und Server unterteilt sind, wobei ein Client eine Aufgabe von einem Server anfordern kann. Der angesprochene Server kann sich dabei auf dem gleichen oder aber auch auf einem beliebig anderen Rechner im Netzwerk befinden. Er beantwortet die Anforderungen der Clients. *Rich Client* ist die Bezeichnung für einen Client, bei dem die Verarbeitung der Daten vor Ort auf dem Client vollzogen wird.

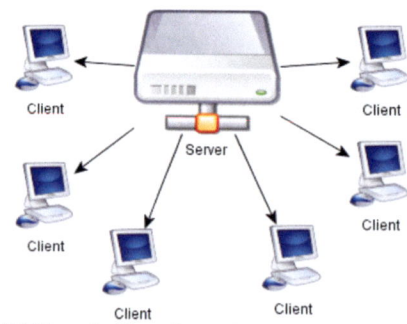

Abbildung 7: Client-Server-Modell *[int07]*

20

Für das Erstellen von Clientanwendungen steht in der Entwicklungsumgebung Eclipse die Rich-Client-Plattform (RCP) zur Verfügung. Folgende Komponenten machen Eclipse RCP aus *[int08]*:

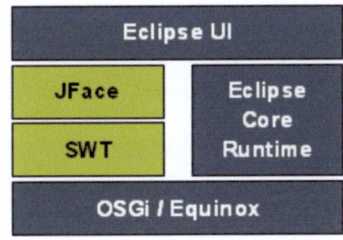

Abbildung 8: Eclipse RCP Bestandteile

> *OSGi:* Standardplattform, die die Entwicklung modularer, Plug-in-basierter Anwendungen auf der Java-Plattform erleichtert

> *Equinox:* implementiert zusätzlich zum OSGi-Standard weitere Funktionalitäten für Eclipse-Anwendungen

> *Eclipse Core Runtime:*

> stellt allgemeine, nicht Graphik bezogene Funktionalitäten für Eclipse-Anwendungen bereit, verwaltet unter anderem den Lebenszyklus von Eclipse-Anwendungen, ist also für den Start und die Initialisierung der Anwendung verantwortlich

> *SWT:* Graphik *Toolkit** der Eclipse-Plattform

> *JFace:* setzt aus den von SWT gelieferten Basiskomponenten komplexere Widgets zusammen

> *Eclipse UI:* stellt die so genannte *Workbench* (deutsch: *Werkbank*) bereit, eine leere, graphische Anwendung, die die Bedienkonzepte wie View- und Editor-Reiter, Perspektiven, Menüstrukturen etc. bereitstellt

RCP enthält eine allgemeine Infrastruktur für Clientanwendungen, die vom Entwickler um die eigenen Anwendungsbestandteile erweitert werden kann. Das Arbeiten mit Eclipse RCP bietet viele Vorteile. Es werden ausgereifte Basiskomponenten für GUI-Anwendungen angeboten, die sich bereits für viele Anwendungsfälle bewährt haben. Darüber hinaus sind die Grundstrukturen für den Aufbau einer GUI-Anwendung durch das *Framework** vorgegeben und müssen nicht erst durch den Entwickler geschaffen werden. Auch bezüglich Erweiterbarkeit besteht ein Vorteil, denn die Plattform ist auf Modularität hin ausgelegt und ermöglicht es, dass getrennt entwickelte Plug-ins zu einer Anwendung verschmolzen werden können. *[rcp]*

Aufgrund dessen gehört es zu der allgemeinen Grundstrategie der untersuchten Versicherung, Clientanwendungen mit Hilfe von RCP in Eclipse zu realisieren.

21

3. Analyse

3.1 Ist-Zustand

Die Windows-Dienste, die die Gruppe IAS betreffen, laufen auf verschiedenen Servern im Hintergrund ab, ohne regelmäßige Überwachung oder Benachrichtigung, wenn ein Dienst gestoppt ist.

Um eine Übersicht über diese Dienste zu erhalten, ist eine Remotedesktopverbindung auf den Server nötig, auf dem die Dienste ablaufen. Um diese Verbindung herzustellen, werden ein Benutzername und das dazugehörige Passwort benötigt, andernfalls erhält man keinen Zugriff auf die Dienste.

Befindet man sich per Remoteverbindung auf dem Server, kann man sich eine Übersicht aller Dienste anzeigen lassen, die auf diesem Server ablaufen. Dabei ist es für die Mitarbeiter der Gruppe IAS nicht möglich, nur diejenigen Dienste anzeigen zu lassen, die für sie relevant sind. Stattdessen erhält man eine Anzeige sämtlicher Services, was zu Unübersichtlichkeit führt und einen schnellen Start der gestoppten Dienste erschwert (siehe Abbildung 9).

Abbildung 9: Screenshot Windows-Dienste

Die zu der Gruppe IAS zugehörigen Dienste befinden sich auf den Servern mit den Namen *dmse01*, *dmse02*, *dmst01* und *dmst02*. Der Buchstabe vor den Zahlen, steht jeweils für die Ebene des Ebenenkonzepts der untersuchten Versicherung, das bereits oben beschrieben wurde. Demnach befinden sich *dmse01* und *dmse02* auf der Entwicklungsebene, während *dmst01* und *dmst02* zur Testebene gehören.

Eine Übersicht über die ablaufenden Dienste ist nur durch einzelne Remotedesktopverbindungen auf den jeweiligen Server möglich. Um die Übersicht über die Windows-Dienste zu erleichtern und den umständlichen Weg über eine Remotedesktopverbindung zu vermeiden, soll ein Werkzeug graphisch umgesetzt werden, dass die gewünschten Informationen über die Dienste übersichtlich für den Benutzer darstellt.

Eine Schwierigkeit bei der Umsetzung besteht darin, dass die Informationen über die Windows-Dienste nicht in einer Liste oder ähnlichem zur Verfügung stehen und somit nicht ohne weiteres bei der graphischen Oberfläche eingebaut werden können. Folglich müssen die gewünschten Informationen über die Dienste mit Hilfe eines Java-Programms direkt vom Server erfragt und unmittelbar in die graphische Oberfläche integriert werden, was den Vorteil hat, dass die Daten stets aktuell sind. Dafür wurde bereits von einem Mitarbeiter aus IAS eine eigene separate Java-Anwendung entwickelt, deren Methoden später bei der graphischen Umsetzung benutzt werden können, um die relevanten Informationen zu erhalten. Das folgende UML-Fachklassendiagramm zeigt einen Teil der Klassen dieser Anwendung und deren Beziehungen untereinander.

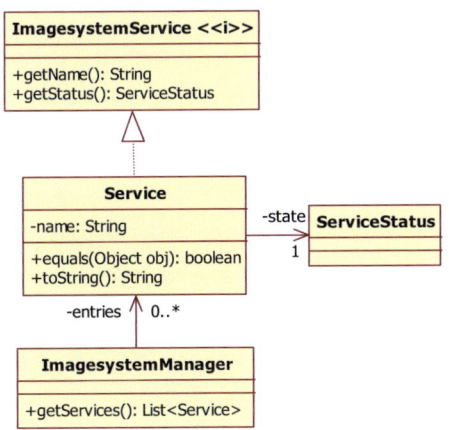

Abbildung 10: UML-Fachklassendiagramm Hilfsanwendung

Die Methode *getServices()* liefert eine Liste, die die Dienste der Gruppe IAS auf einem bestimmten Server enthält. Mit Hilfe der Methoden *getName()* und *getStatus()* erhält man den Namen bzw. Status eines Dienstes.

3.2 Soll-Zustand

Es soll eine Anwendung graphisch umgesetzt werden, die einen Überblick über alle für die Gruppe IAS relevanten Services bietet.

Dazu soll der aktuelle Zustand der relevanten Dienste direkt vom Server geholt werden und aktualisiert werden, falls er sich zwischenzeitlich ändert. Weitere Informationen, die vom Server benötigt werden, sind die Namen der verschiedenen Dienste und die Server und Ebenen auf denen sie sich befinden.

Zusammenfassend soll folgender Anwendungsfall realisiert werden:

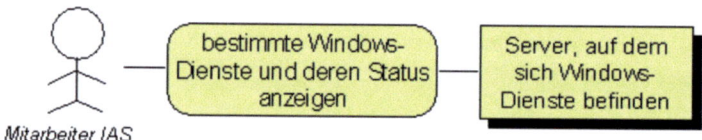

Abbildung 11: Anwendungsfall

Die Anwendung soll als RCP Plug-in mit Java in der Entwicklungsumgebung Eclipse entwickelt werden. Für die graphische Umsetzung soll SWT benutzt werden. Die Umsetzung als RCP Plug-in mit SWT-Komponenten entspricht der allgemeinen Grundstrategie der untersuchten Versicherung, die besagt, dass zukünftig die Mehrheit der selbst programmierten Anwendungen mit Hilfe von Eclipse RCP umgesetzt werden soll.

Um Übersichtlichkeit zu gewährleisten, soll ein Hauptfenster mit einer Baumstruktur erstellt werden, die die vier Hauptknoten *Services*, *Server*, *Ebene* und *Gestoppt* enthält. Unter *Services* sollen alle relevanten Dienste namentlich untereinander aufgelistet werden. Unter dem Knoten *Server* sollen vier weitere Knoten sein, nämlich *dmse01*, *dmse02*, *dmst01* und *dmst02*. Das sind die Namen jener Server, auf denen die relevanten Dienste laufen. Beim Klick auf einen der Servernamen soll man untereinander aufgelistet alle Dienste erhalten, die auf dem jeweiligen Server laufen.

Unter dem Knoten *Ebene* sollen sich zwei Unterknoten namens *E-Ebene* und *T-Ebene* befinden. Bei Klick auf eine der beiden Ebenen, sollen die Dienste angezeigt werden, die sich auf der angeklickten Ebene befinden. Klickt man auf den letzten Hauptknoten, sollen alle Dienste aufgelistet werden, die zurzeit gestoppt sind. Des Weiteren soll es vier Reiter geben, die eine Detailansicht zu den vier Hauptknoten bereitstellen. Die Detailansicht *Services* soll den Namen, den Server und den Status eines in der Baumstruktur angeklickten Dienstes anzeigen. Gibt es mehrere Dienste mit dem gleichen Namen, die aber auf unterschiedlichen Servern laufen, sollen diese mit den jeweiligen Informationen untereinander aufgelistet werden. In der *Ebenen*-Detailansicht sollen nach Ebenen gegliedert alle Dienste untereinander aufgelistet werden, ebenfalls mit Informationen über den Namen, Server und Status der Dienste. Zusätzlich soll angezeigt werden, welche Server zu welcher Ebene gehören. Die *Server-* Detailansicht zeigt den Namen und Status aller Dienste nach Server gegliedert an. Unter dem Reiter *Gestoppt* soll man den Namen und den Server der gestoppten Dienste sehen können.

Letztendlich soll das Plug-in zur zentralen Überwachung von Windows-Diensten in CVS eingecheckt werden, damit es von den Mitarbeitern der Gruppe IAS ausgecheckt und in den eigenen Eclipse-Workspace eingebunden werden kann.

4. Entwurf und Umsetzung

4.1 Umsetzung als Plug-in mit Hilfe von Eclipse

Die graphische Umsetzung des Werkzeugs für die zentrale Überwachung von Windowsdiensten erfolgt als RCP Plug-in, das den Namen *ImagesystemUeberwachung* hat. Eclipse bietet viel Unterstützung bei der Entwicklung eines Plug-ins. Als ersten Schritt wird aus dem Menü *New* das *Plug-in Projekt* aus. Nun hat man die Wahl zwischen verschiedenen Plug-in Typen, z.B. Plug-in mit einem Popup Menü. In diesem Fall wird der Plug-in Typ mit einer View gewählt. Eclipse generiert dieser Auswahl entsprechend Programmcode und erleichtert somit erheblich die Arbeit des Programmierers. Unter anderem werden die Dateien *MANIFEST.MF* und *plugin.xml* generiert, die bei jedem Plug-in benötigt werden. Sie geben vor, wie das Plug-in zu allen anderen Plug-ins im System in Beziehung steht. Der folgende Screenshot zeigt, wie genau die MANIFEST.MF Datei des ImagesystemUeberwachung-Plug-ins aussieht.

```
1 Manifest-Version: 1.0
2 Bundle-ManifestVersion: 2
3 Bundle-Name: ImagesystemUeberwachung
4 Bundle-SymbolicName: de.ImagesystemUeberwachung;
5 Bundle-Version: 1.0.0
6 Bundle-Activator: de.imagesystemueberwachung.Activator
7 Require-Bundle: org.eclipse.ui,
8 org.eclipse.core.runtime
9 Bundle-RequiredExecutionEnvironment: JavaSE-1.6
```

Abbildung 12: Manifest-Datei

Die ersten beiden Zeilen definieren die Datei als eine Manifestdatei. Als nächstes folgen Informationen wie der Name, die ID, die Versionsnummer des Plug-ins. Die ID dient zur eindeutigen Identifizierung des Plug-ins. Sie setzt sich aus dem Java Paketnamen und dem Namen des Plug-ins zusammen. In der nächsten Zeile folgt die Versionsnummer, die sich aus drei durch Punkte getrennte Ziffern zusammensetzt. Als nächstes wird die Activator-Klasse angegeben, diejenige Klasse, die für das Starten eines Plug-ins verantwortlich ist. In Zeile sieben werden die Pakete aufgeführt, die vom eigenen Plug-in benötigt werden, um korrekt ausgeführt werden zu können. Das Paket *org.eclipse.ui* stellt Schnittstellen bereit, die für die Interaktion mit der Eclipse- Plattform verantwortlich sind. Das Paket *org.eclipse.core.runtime* integriert das Plug-in in die Laufzeitumgebung. Die neunte Zeile gibt an, welche Java-Version für das Plug-in benötigt wird.

Die zweite automatisch generierte Datei ist die *plugin.xml*. Sie beschreibt die *Extensions* (deutsch: *Erweiterungspunkte*) des Plug-ins. Extensions sind ein Mechanismus der Eclipse-Plattform, mit dem Plug-ins Erweiterungsangebote bereitstellen können. Sie erlauben anderen Komponenten, Erweiterungen zu diesen definierten Erweiterungspunkten beizusteuern. In diesem Fall wird die generierte View um die Extensions *Übersicht, Services, Ebenen, Server* und *Gestoppt* erweitert, die ebenfalls vom Typ View sind und die verschiedenen Reiter darstellen.

Die XML-Datei muss konform zum Schema der Extensions sein, die die Struktur des Plug-ins vorgeben (siehe Anhang 6). Der graphische Editor, den Eclipse bereitstellt, um die Bearbeitung der Extensions zu erleichtern, sieht folgendermaßen aus:

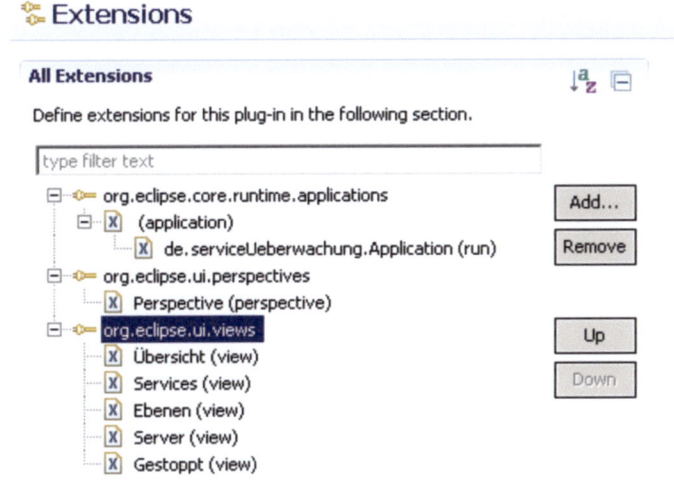

Abbildung 13: Screenshot Extensions

4.2 Graphische Umsetzung mit SWT

Bei der graphischen Umsetzung mit SWT werden folgende Graphikelemente verwendet:

SWT-Klasse	Funktion
Composite	erstellt ein graphisches Element, das andere graphische Elemente aufnehmen kann
Display	verantwortlich für die Verbindung zwischen SWT und dem Betriebssystem
Tree	ermöglicht die Anzeige einer Hierarchie von Elementen mittels einer Baumstruktur
TreeItem	repräsentiert ein Element in einer Baumstruktur
Label	ermöglicht die graphische Anzeige eines String oder Image
Button	repräsentiert einen Button
Font	definiert die Formatierung eines Texts, der auf einer graphischen Oberfläche angezeigt wird
Text	stellt Text auf einer graphischen Oberfläche dar

Tabelle 3: SWT-Klassen und deren Funktion

Startet man das Plug-in zur zentralen Überwachung von Windows-Diensten, öffnet sich folgende Oberfläche:

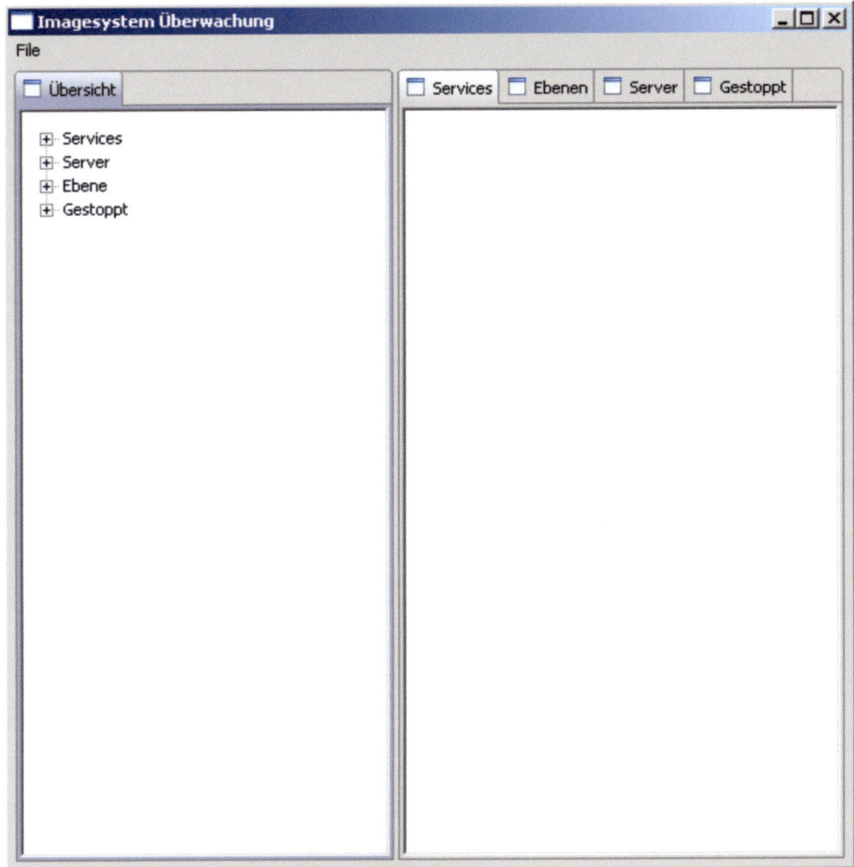

Abbildung 14: Screenshot Graphische Oberfläche

Im linken Editorbereich befindet sich der Reiter *Übersicht* mit der geforderten Baumstruktur und den vier Hauptknoten. Im rechten Bereich findet man den vier Hauptknoten entsprechend vier Reiter, die bei Klick auf einen Dienst in der Baumstruktur die jeweiligen detaillierten Informationen anzeigen. Im Anhang befinden sich vier Screenshots mit Beispielen zu jedem Reiter (siehe Anhang 2 bis 5).

5. Fazit und Ausblick

Durch die beschriebene graphische Umsetzung wurde die zentrale Überwachung der Windows-Dienste für die IAS-Mitarbeiter erleichtert. Es ist keine Remotedesktopverbindung auf die Server mehr nötig, um den Status der Dienste zu erfahren. Die graphische Übersicht nach verschiedenen Gliederungskriterien ist gewährleistet und gestoppte Dienste können schnell herausgefiltert werden.

Zukünftig kann das Plug-in insofern graphisch weiterentwickelt werden, dass hinter jedem Dienst eine farbige Ampel hinzugefügt wird, die farblich den Status des Dienstes anzeigt. Die Farbe rot kann symbolisieren, dass ein Dienst gestoppt ist und die Farbe grün, dass ein Dienst läuft.

Anhang

Anhangsverzeichnis

Anhang 1: Standorte

Anhang 2: Screenshot – Services

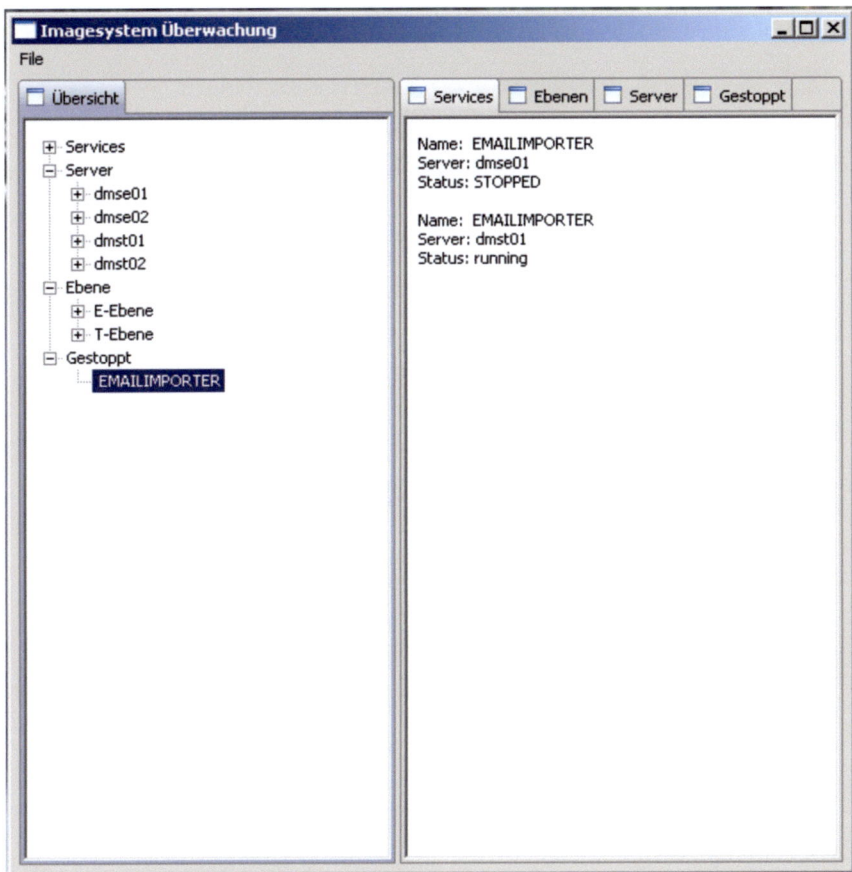

Anhang 3: Screenshot – Ebenen

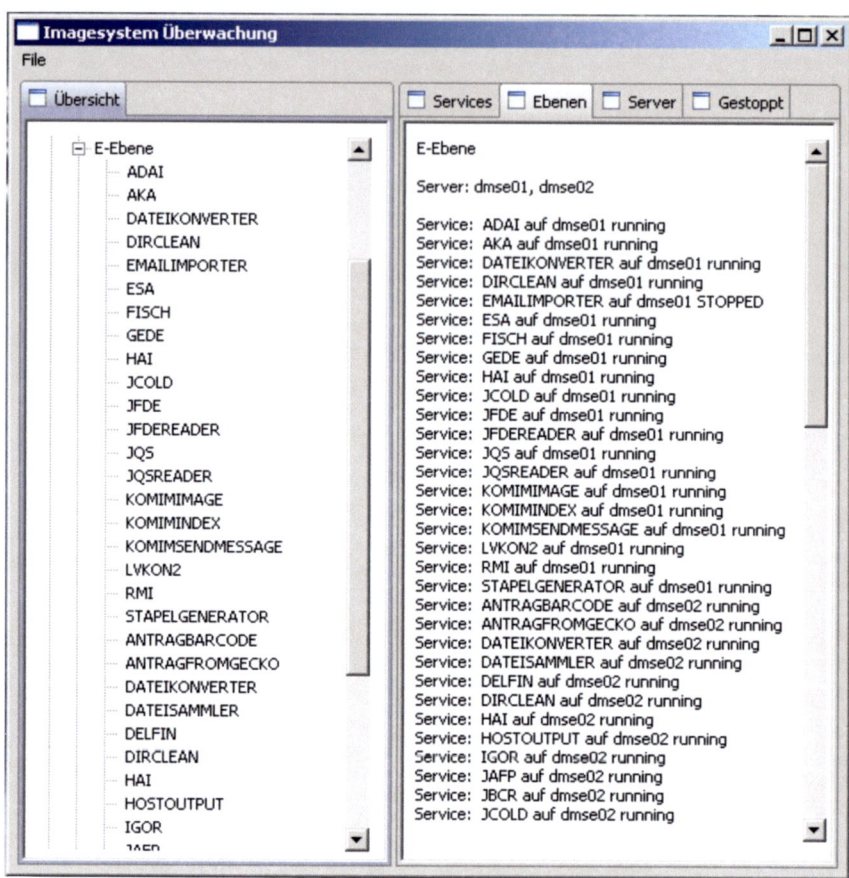

Anhang 4: Screenshot – Server

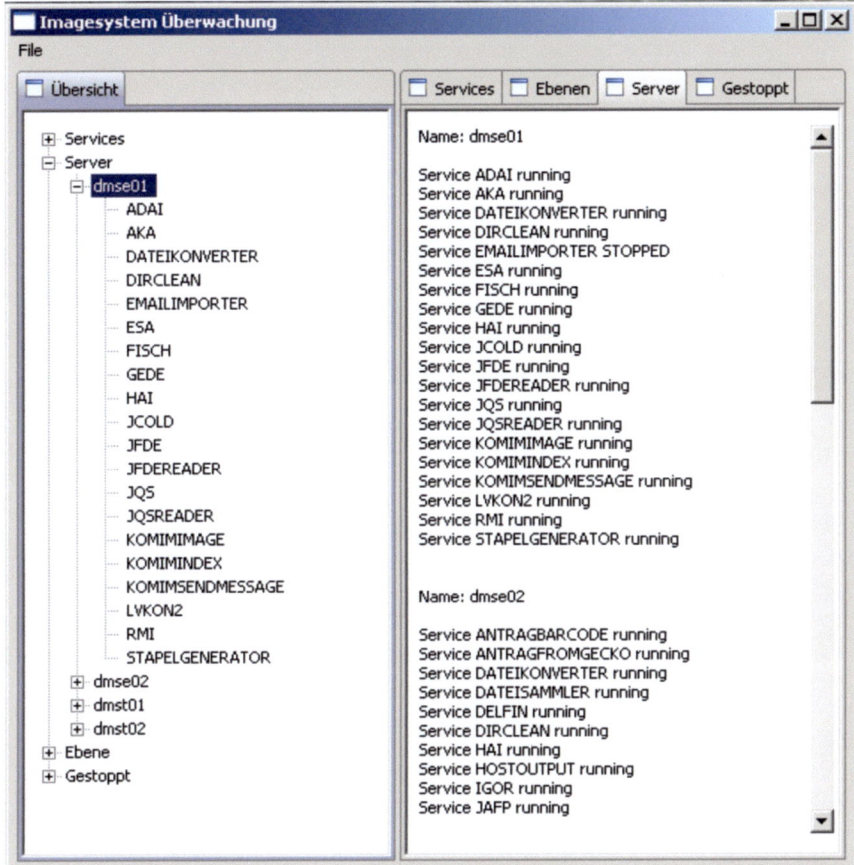

Anhang 5: Screenshot – Gestoppt

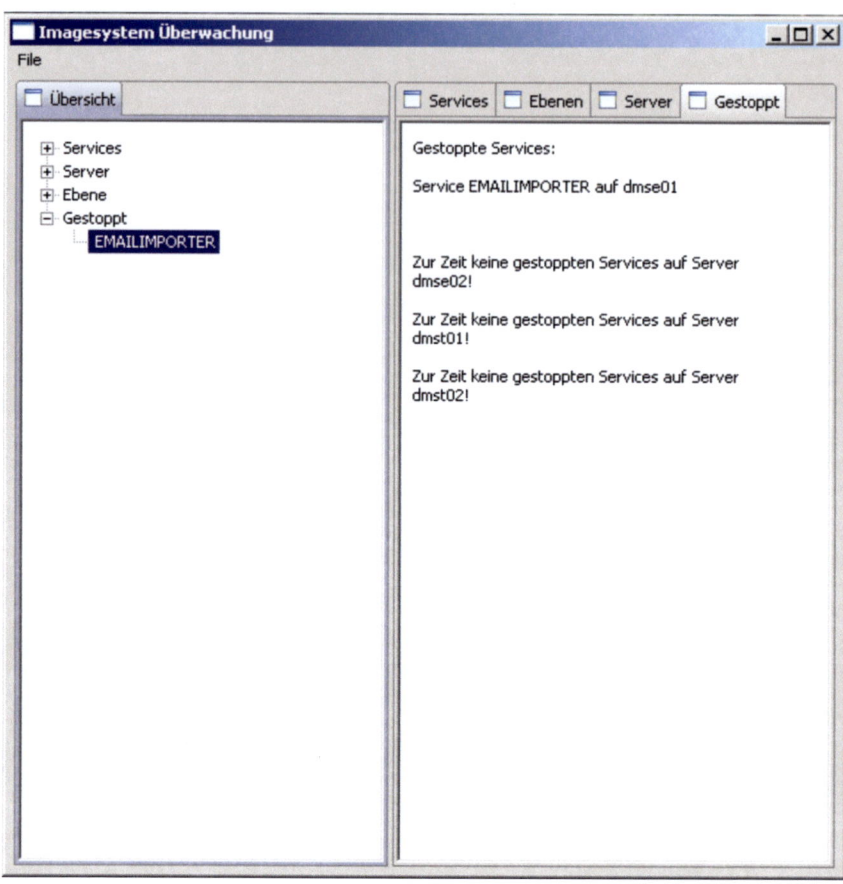

Anhang 6: Plugin.xml

```xml
<?xml version="1.0" encoding="UTF-8"?>
<?eclipse version="3.4"?>
<plugin>

  <extension
      id="application"
      point="org.eclipse.core.runtime.applications">
    <application>
      <run
          class="de.serviceUeberwachung.Application">
      </run>
    </application>
  </extension>
  <extension
      point="org.eclipse.ui.perspectives">
    <perspective
        name="Perspective"
        class="de.serviceUeberwachung.Perspective"
        id="de.ImagesystemUeberwachung.perspective">
    </perspective>
  </extension>
  <extension
      point="org.eclipse.ui.views">
    <view
        class="de.views.UebersichtView"
        id="de.image.ServiceUeberwachung.UebersichtView"
        name="Übersicht"
        restorable="true">
    </view>
    <view
        class="de.views.ServicesView"
        id="de.image.ServiceUeberwachung.ServicesView"
```

```xml
            name="Services"
            restorable="true">
      </view>
      <view
            class="de.views.EbenenView"
            id="de.image.ServiceUeberwachung.EbenenView"
            name="Ebenen"
            restorable="true">
      </view>
      <view
            class="de.views.ServerView"
            id="de.image.ServiceUeberwachung.ServerView"
            name="Server"
            restorable="true">
      </view>
      <view
            class="de.views.GestopptView"
            id="de.image.ServiceUeberwachung.GestopptView"
            name="Gestoppt"
            restorable="true">
      </view>
   </extension>
</plugin>
```

Glossar

Eclipse   Programmierwerkzeug zur Entwicklung von Software, wird hauptsächlich als integrierte Entwicklungsumgebung für die Programmiersprache Java genutzt *[int09]*

Framework   deutsch: *Rahmenstruktur*, Programmiergerüst, noch kein fertiges Programm, stellt den Rahmen, innerhalb dessen der Programmierer eine Anwendung erstellt, zur Verfügung *[int10]*

Garbage Collection   deutsch: *Müllabfuhr*, Automatische Speicherbereinigung, Freigabe oder Wiederverwendung nicht länger benötigter Speicherbereiche, die aber schon dem Prozess zugeteilt wurden *[java]*

Java Development Kit   Sammlung von Werkzeugen und Anwendungen, um eine Software zu erstellen *[java]*

Klasse   bildet ein Objekt der realen Welt in ein Schema ab, das der Compiler (deutsch: *Übersetzer*) versteht *[java]*

kompilieren   Übersetzung eines Quelltextes in ein ausführbares Maschinensprache-Programm *[int11]*

Laufzeitumgebung   stellt einem Programm zusätzliche Funktionen zur Verfügung, welche für die Ausführung des Programms benötigt werden, dazu gehören unter anderem Funktionen zur Speicheranforderungen oder Fehlererkennung *[java]*

Methode   stellt eine Funktion dar, die für ein Objekt bzw. für eine Klasse aufgerufen werden kann, dient dazu, Werte an das

Objekt bzw. die Klasse zu übergeben, um mit den im Objekt bzw. in der Klasse gespeicherten Daten Berechnungen durchzuführen und um Werte vom Objekt bzw. von der Klasse abzuholen *[java]*

Modul   abgeschlossene Softwarekomponente, bestehend aus einer wiederverwendbaren Folge von Verarbeitungsschritten und Pragrammlogik *[java]*

Objekt   eine Variable, die nach dem Datentyp einer Klasse gebaut ist *[java]*

Paket   dienen zur Gruppierung von inhaltlich zusammengehörigen Klassen und Schnittstellen *[java]*

Repository   (deutsch: *Lager, Depot*), verwaltetes Verzeichnis zur Speicherung und Beschreibung von digitalen Objekten *[int12]*

Standardklassen-bibliothek   eine Sammlung selbständiger Programmkomponenten (in diesem Fall Klassen) die für die Wiederverwendung vorgesehen sind *[java]*

Toolkit   deutsch: *Werkzeugsatz*, eine Sammlung von Bibliotheken, Klassen und Schnittstellen, die das Erstellen von Computerprogrammen vereinfachen sollen *[java]*

Quellenverzeichnis

[java]   Cornelia Heinisch / Frank Müller-Hofmann / Joachim Goll,
            Java als erste Programmiersprache – Vom Einsteiger zum Profi
            5. Auflage, 2007

[plug-in]   Eric Clayberg / Dan Rubel,
            eclipse Plug-ins
            Third Edition, 2008

[rcp]   Jeff McAffer / Jean-Michel Lemieux,
            eclipse Rich Client Platform
            2005

[int01]   http://cvsbook.red-bean.com/translations/german
            Stand: 03.12.2009

[int02]   http://de.wikipedia.org/wiki/Plug-in
            Stand: 03.12.2009

[int03]   http://java.sun.com/javase/6/docs/technotes/guides/jweb/images/
            jre_and_browser.jpg
            Stand: 0412.2009

[int04]   http://www.teialehrbuch.de/Kostenlose-Kurse/JAVA/6682-
            Einfuehrung-in-die-Java-Foundation-Classes.html
            Stand: 25.11.2009

[int05]   http://leepoint.net/notesjava/examples/components/
            calculator/calc.gif
            Stand: 06.12.2009

[nt06]   http://www.oio.de/client-swing-swt.htm
                  Stand: 06.12.2009

[int07]   http://www.herlemann-it-loesungen.de/bilder/client_server.png
                  Stand: 30.11.2009

[int08]   http://www.ralfebert.de/rcpbuch/overview
                  Stand: 10.12.2009

[int09]   http://de.wikipedia.org/wiki/Eclipse_(IDE)
                  Stand: 10.12.2009

[int10]   http://de.wikipedia.org/wiki/Framework
                  Stand: 11.12.2009

[int11]   http://www.mesh.eu/meta/glossar/glossary/mode/A-Z
                  Stand: 11.12.2009

[int12]   http://de.wikipedia.org/wiki/Repository
                  Stand: 12.12.2009

Die Autorin

Angelina Jung wurde 1989 in Hameln geboren. Nach dem Abitur entschied sie sich für ein duales Bachelorstudium der Wirtschaftsinformatik an der FHDW Hannover, das in sich abwechselnde Theorie- und Praxisphasen gegliedert war und ihr sowohl Kenntnisse der Betriebswirtschaft als auch der Informatik vermittelte. Die Praxisphasen absolvierte die Autorin in einer Versicherung in Hannover. Dadurch sammelte sie bereits während des Studiums umfassende praktische Erfahrungen in der Versicherungsbranche und im Informatikbereich. Im Jahr 2011 schloss sie erfolgreich ihr Studium mit dem akademischen Grad Bachelor of Science ab. Anschließend konnte sie ihre fachlichen Qualifikationen im Bereich Betriebswirtschaft bei einer der führenden Wirtschaftsprüfungen einsetzen und weiter ausbauen. Ihr Studium und ihre Tätigkeit bei der Versicherung motivierten Angelina Jung, sich der Thematik des vorliegenden Buches zu widmen, das sich mit technischen Fragestellungen rund um das Thema Überwachung von Windows-Diensten auseinandersetzt.